团 体 标 准

玄武岩纤维沥青路面施工技术指南

Technical Guideline for Construction of Asphalt Pavement with Basalt Fiber

T/CHTS 10016—2019

主编单位：扬州大学
发布单位：中国公路学会
实施日期：2019 年 10 月 31 日

人民交通出版社股份有限公司
China Communications Press Co.,Ltd.

图书在版编目(CIP)数据

玄武岩纤维沥青路面施工技术指南：T/CHTS 10016—2019 / 扬州大学主编. — 北京：人民交通出版社股份有限公司，2019.11
　ISBN 978-7-114-15930-5

Ⅰ.①玄⋯　Ⅱ.①扬⋯　Ⅲ.①玄武岩—纤维增强材料—沥青路面—路面施工—技术规范—中国　Ⅳ.①U416.217-65

中国版本图书馆 CIP 数据核字(2019)第 235183 号

标准类型：团体标准
Xuanwuyan Xianwei Liqing Lumian Shigong Jishu Zhinan
标准名称：玄武岩纤维沥青路面施工技术指南
标准编号：T/CHTS 10016—2019
主编单位：扬州大学
责任编辑：郭红蕊　韩亚楠
责任校对：孙国靖　崔　婕
责任印制：张　凯
出版发行：人民交通出版社股份有限公司
地　　址：(100011)北京市朝阳区安定门外外馆斜街 3 号
网　　址：http://www.ccpress.com.cn
销售电话：(010)59757973
总 经 销：人民交通出版社股份有限公司发行部
经　　销：各地新华书店
印　　刷：北京市密东印刷有限公司
开　　本：880×1230　1/16
印　　张：1.5
字　　数：34 千
版　　次：2019 年 11 月　第 1 版
印　　次：2019 年 11 月　第 1 次印刷
书　　号：ISBN 978-7-114-15930-5
定　　价：200.00 元

(有印刷、装订质量问题的图书由本公司负责调换)

中国公路学会文件

公学字〔2019〕128号

中国公路学会关于发布《玄武岩纤维沥青路面施工技术指南》的公告

现发布中国公路学会标准《玄武岩纤维沥青路面施工技术指南》(T/CHTS 10016—2019),自2019年10月31日起实施。

《玄武岩纤维沥青路面施工技术指南》(T/CHTS 10016—2019)的版权和解释权归中国公路学会所有,并委托主编单位扬州大学负责日常解释和管理工作。

中国公路学会
2019年10月28日

T/CHTS 10016—2019

前　言

为规范玄武岩纤维沥青路面施工技术，确保其良好的使用性能，编制组围绕玄武岩纤维沥青路面的原材料、混合料组成设计、施工、质量控制等各环节需要解决的主要技术问题，开展了科学研究与试验验证工作，在总结玄武岩纤维沥青混合料设计与施工实践经验并广泛征求意见的基础上，制定本指南。

本指南按照《中国公路学会标准编写规则》（T/CHTS 10001）编制，共分为 6 章，主要内容包括：原材料、混合料技术要求、混合料配合比设计、施工、质量控制等。

本指南实施过程中，请将发现的问题和对指南的意见、建议反馈至扬州大学（地址：江苏省扬州市邗江区华扬西路 198 号扬子津西区建工学院 S1-219；联系电话：0514-87978669 /13905277934；电子邮箱：xpyzu@163.com），供修订时参考。

本指南由扬州大学提出，受中国公路学会委托，由扬州大学负责具体解释工作。

主编单位：扬州大学

参编单位：交通运输部公路科学研究院、东南大学、江苏高速公路工程养护技术中心、中设设计集团股份有限公司、吉林省交通科学研究所、吉林建筑大学、河南交通职业技术学院、江苏天龙玄武岩连续纤维股份有限公司、山西晋投玄武岩开发有限公司、浙江石金玄武岩纤维股份有限公司、河南交院工程技术有限公司、扬州润扬路面工程有限公司

主要起草人：肖鹏、严二虎、吴智深、吴赞平、康爱红、吴正光、李波、郭咏梅、寇长江、吴帮伟、李明亮、刘建勋、杨军、徐亚林、张兴明、赵明方、胡光伟、章世祥、孙福申、李舰航、时成林、邵景干、薛晓薇、王君、姜厚文、王会忠、王俊超、陈国庆、李雪峰

主要审查人：李华、周海涛、黄颂昌、付智、张玉珍、曾赟、吴春颖、薛忠军、郭忠印、曹荣吉、韩亚楠

T/CHTS 10016—2019

目 次

1 总则 ··· 1
2 术语 ··· 2
3 原材料 ·· 3
　3.1 玄武岩短切纤维 ··· 3
　3.2 沥青 ··· 3
　3.3 粗集料 ·· 4
　3.4 细集料 ·· 5
　3.5 矿粉 ··· 5
4 混合料组成设计 ·· 6
　4.1 一般规定 ··· 6
　4.2 技术要求 ··· 6
　4.3 配合比设计 ··· 8
5 施工 ··· 10
　5.1 一般规定 ··· 10
　5.2 铺筑试验段 ··· 10
　5.3 施工准备 ··· 10
　5.4 混合料拌制 ··· 11
　5.5 混合料运输、摊铺、压实及成型、接缝处理、开放交通 ·· 11
6 质量控制 ·· 12
　6.1 一般规定 ··· 12
　6.2 质量检查 ··· 12
用词说明 ·· 15

玄武岩纤维沥青路面施工技术指南

1 总则

1.0.1 为规范玄武岩纤维在沥青混合料中的应用技术，提高玄武岩纤维沥青路面的工程质量，制定本指南。

1.0.2 本指南适用于各等级公路的新建、改扩建及养护工程。

1.0.3 玄武岩纤维沥青路面施工除应符合本指南的规定外，尚应符合有关法律、法规及国家、行业现行有关标准的规定。

2 术语

2.0.1 玄武岩短切纤维 basalt fiber chopped strand

以天然玄武岩为原料,通过高温熔融、高速拉丝、表面处理,并按规定长度剪切而成的纤维。

2.0.2 玄武岩纤维沥青混合料 asphalt mixture with basalt fiber

由矿料、沥青结合料与玄武岩纤维等拌和而成的沥青混合料。

2.0.3 玄武岩纤维掺量 content of basalt fiber

玄武岩纤维在沥青混合料中所占的质量百分率。

2.0.4 酸度系数 acidity coefficient

酸性氧化物($SiO_2 + Al_2O_3$)与碱性氧化物($CaO + MgO$)的质量百分比的比值。

3 原材料

3.1 玄武岩短切纤维

3.1.1 沥青路面用玄武岩短切纤维应呈金褐色或深褐色、平直、无杂质。

3.1.2 单根玄武岩纤维几何规格及要求应符合表3.1.2的规定。

表3.1.2 玄武岩短切纤维的几何规格

项 目	单 位	规 格	偏 差	试验方法
单根纤维直径	μm	13、16、17	±5%	GB/T 7690.5
纤维公称长度*	mm	6、9、12	±10%	JT/T 776.1

注：* 纤维长度也可复掺，需通过试验确定。

条文说明：考虑国内玄武岩纤维生产厂家采用拉丝漏板的直径、玄武岩纤维的应用效果和生产成本，本指南提出采用的单根纤维直径为13μm、16μm、17μm。国内生产厂家采用的切断模具规格大多为3mm的倍数，本指南规定采用的玄武岩短切纤维长度为6mm、9mm、12mm等；基于试验研究和工程应用情况，本指南建议细粒式沥青混合料选用玄武岩短切纤维长度为6mm、9mm，中粒式沥青混合料选用玄武岩短切纤维长度为6mm、9mm、12mm，粗粒式沥青混合料选用玄武岩短切纤维长度为9mm、12mm。

3.1.3 玄武岩纤维物理、化学及力学性能技术指标应满足表3.1.3的要求。

表3.1.3 玄武岩纤维物理、化学及力学性能技术要求

技 术 指 标		单 位	技 术 要 求	试验方法
断裂强度	不小于	MPa	2 000	GB/T 20310
弹性模量	不小于	GPa	80	GB/T 20310
断裂伸长率	不小于	%	2.1	GB/T 20310
耐热性(断裂强度保留率)	不小于	%	85	GB/T 7690.3*
吸油率	不小于	%	50	JT/T 776.1
含水率	不大于	%	0.2	JT/T 776.1
可燃性		—	不可燃	JT/T 776.1
(Fe_2O_3+FeO)含量	不小于	%	8.0	GB/T 1549
酸度系数	不小于	—	4.5	GB/T 1549

注：* 将玄武岩纤维置于210℃烘箱内加热4h后检测。

3.2 沥青

3.2.1 玄武岩纤维沥青混合料宜采用SBS改性沥青，也可采用道路石油沥青，其技术要求应符合现行《公路沥青路面施工技术规范》(JTG F40)的有关规定。

3.2.2 玄武岩纤维沥青混合料在排水性沥青混合料路面中宜采用高黏高弹沥青，其技术要求应符合表3.2.2的规定。

表3.2.2 玄武岩纤维排水沥青混合料用高黏高弹沥青技术要求

技术指标			单位	技术要求	试验方法
针入度(25℃,100g,5s)		不小于	0.1mm	40	T 0604
动力黏度[1](60℃)		不小于	Pa·s	50 000	T 0620
延度(5℃,5cm/min)		不小于	cm	30	T 0605
软化点 $T_{R\&B}$		不小于	℃	80	T 0606
闪点		不小于	℃	230	T 0611
溶解度		不小于	%	99	T 0607
弹性恢复(25℃)		不小于	%	95	T 0662
黏韧性(25℃)		不小于	N·m	25	T 0624
韧性(25℃)		不小于	N·m	20	T 0624
储存稳定性离析(48h软化点差)		不大于	℃	2.5	T 0661
RTFOT试验后[2]	质量变化	不大于	%	±1.0	T 0609
	残留针入度比	不小于	%	65	T 0604
	残留延度(5℃)	不小于	cm	20	T 0605

注:1.重载交通应适当提高高黏高弹沥青动力黏度。
2.老化试验以RTFOT为标准,也可以由TFOT代替。

3.3 粗集料

3.3.1 玄武岩纤维沥青混合料用粗集料应采用洁净、干燥、表面粗糙、石质坚硬、不含风化颗粒等杂物、针片状集料少的碎石,其技术要求应符合表3.3.1的规定。

表3.3.1 粗集料技术指标

技术指标		单位	技术指标		试验方法
			表面层	其他层次	
石料压碎值	不大于	%	26	28	T 0316
洛杉矶磨耗损失	不大于	%	28	30	T 0317
表观相对密度	不小于	—	2.60	2.50	T 0304
吸水率	不大于	%	2.0	3.0	T 0304
坚固性	不大于	%	12	12	T 0314
针片状颗粒含量(混合料)	不大于	%	15	18	T 0312
其中粒径大于9.5mm		%	12	15	
其中粒径小于9.5mm		%	18	20	
水洗法<0.075mm颗粒含量	不大于	%	1	1	T 0310
软石含量	不大于	%	3	5	T 0320

3.3.2 粗集料与沥青黏附性技术要求应符合表3.3.2的规定。

表3.3.2 粗集料与沥青的黏附性技术要求

技术指标		雨量气候区				试验方法
		潮湿区	湿润区	半干区	干旱区	
		年降雨量（mm）				
		＞1 000	1 000～500	500～250	＜250	
粗集料与沥青黏附性 不小于	表面层	5	4	4	3	T 0616 T 0663
	其他层次	4	4	3	3	

3.4 细集料

3.4.1 玄武岩纤维沥青混合料用细集料应采用洁净、干燥、坚硬、无风化、无杂质、有适当级配的碎石石屑或机制砂，其技术要求应符合表3.4.1的规定。

表3.4.1 细集料技术要求

技术指标		单位	技术要求	试验方法
表观相对密度	不小于	—	2.5	T 0328
坚固性（＞0.3mm部分）	不大于	％	12	T 0340
含泥量（小于0.075mm的含量）	不大于	％	3	T 0333
砂当量	不小于	％	65	T 0334
亚甲蓝值	不大于	g/kg	2.5	T 0349
棱角性（流动时间）	不小于	s	30	T 0345

3.5 矿粉

3.5.1 玄武岩纤维沥青混合料应采用石灰岩等碱性石料经磨细得到的矿粉。矿粉应干燥、洁净，其技术要求应符合现行《公路沥青路面施工技术规范》（JTG F40）的规定。

4 混合料组成设计

4.1 一般规定

4.1.1 玄武岩纤维沥青混合料宜用于沥青路面上、中面层。

4.1.2 玄武岩纤维掺量以玄武岩纤维占沥青混合料总量的质量百分率计算,其掺量宜为0.3%～0.4%,允许误差不超过掺量的±5%。

条文说明：试验研究和工程应用表明,玄武岩纤维掺量在0.3%～0.4%范围内,不同级配类型和不同公称最大粒径沥青混合料各项路用性能提升幅度最大。

4.2 技术要求

4.2.1 玄武岩纤维密级配沥青混合料(AC)宜采用马歇尔试验方法进行配合比设计,技术要求应符合现行《公路沥青路面施工技术规范》(JTG F40)的规定。

4.2.2 玄武岩纤维沥青玛蹄脂碎石混合料(SMA)宜采用马歇尔试验方法进行配合比设计,技术要求应符合表4.2.2的规定。

表4.2.2 玄武岩纤维SMA沥青混合料马歇尔试验设计技术要求

技术指标		单位	技术要求	试验方法
马歇尔击实次数		次	双面各75次	T 0702
空隙率VV		%	3～4.5	T 0705
矿料间隙率VMA*	不小于	%	16.5	T 0705
沥青饱和度VFA		%	75～85	T 0705
稳定度MS	不小于	kN	6.0	T 0709
谢伦堡沥青析漏试验的结合料损失	不大于	%	0.2	T 0732
肯塔堡飞散试验或浸水飞散试验的混合料损失	不大于	%	15	T 0733

注：* 结合具体应用工程,矿料间隙率VMA可放宽至16.0%。

条文说明：现行《公路沥青路面施工技术规范》(JTG F40)中规定SMA改性沥青混合料的谢伦堡沥青析漏试验的结合料损失不大于0.1%,一些欧美国家规定该指标不大于0.3%。基于试验研究和工程应用情况,本指南规定玄武岩纤维SMA沥青混合料的析漏损失不大于0.2%。

4.2.3 玄武岩纤维排水性沥青混合料(PA)宜采用马歇尔试验方法进行配合比设计,技术要求应符合表4.2.3的规定。

表4.2.3 玄武岩纤维PA沥青混合料马歇尔试验设计技术要求

技术指标		单位	技术要求	试验方法
马歇尔击实次数		次	双面各50次	T 0702
空隙率VV		%	18～25	T 0708 体积法
稳定度MS	不小于	kN	5.0	T 0709
谢伦堡沥青析漏试验的结合料损失	不大于	%	0.3	T 0732
肯塔堡飞散试验的混合料损失	不大于	%	15	T 0733

条文说明：《公路沥青路面施工技术规范》(JTG F40—2004)中规定OGFC沥青混合料的谢伦堡沥青析漏试验的结合料损失不大于0.3%。严格意义上，排水性沥青路面PA与OGFC并非同一概念。根据日本经验及我国西安机场高速公路、盐靖高速公路等多项工程实践，玄武岩纤维PA沥青混合料的析漏损失可结合具体应用工程，通过试验验证后放宽至0.5%。

4.2.4 对于公称最大粒径不大于19mm的玄武岩纤维沥青混合料，应在最佳沥青用量条件下按下列步骤对其高温稳定性、水稳定性及低温抗裂性等路用性能进行检验。

1 应在规定的试验条件下进行车辙试验，并符合表4.2.4-1的规定。

表4.2.4-1 玄武岩纤维沥青混合料车辙试验技术要求

混合料类型		动稳定度(次/mm)		不小于	试验方法
		夏炎热区	夏热区	夏凉区	
AC	普通沥青混合料	1 000	1 000	800	T 0719
	改性沥青混合料	4 000	4 000	3 600	
SMA	改性沥青混合料	5 000	5 000	4 500	
PA	改性沥青混合料	5 000	5 000	4 500	

2 应在规定的试验条件下进行浸水马歇尔试验和冻融劈裂试验，并同时符合表4.2.4-2、表4.2.4-3的规定。

表4.2.4-2 玄武岩纤维沥青混合料浸水马歇尔试验技术要求

混合料类型		残留稳定度(%) 不小于	试验方法
AC	普通沥青混合料	75	T 0709
	改性沥青混合料	80	
SMA	改性沥青混合料	80	
PA	改性沥青混合料	80	

表4.2.4-3 玄武岩纤维沥青混合料冻融劈裂试验技术要求

混合料类型		冻融劈裂强度比(%) 不小于	试验方法
AC	普通沥青混合料	75	T 0729
	改性沥青混合料	80	
SMA	改性沥青混合料	80	
PA	改性沥青混合料	80	

3 宜在温度-10℃、加载速率50mm/min的条件下进行低温弯曲试验，破坏应变宜符合表4.2.4-4的规定。

表4.2.4-4 玄武岩纤维沥青混合料低温弯曲试验技术要求

混合料类型	破坏应变($\mu\varepsilon$)		不小于	试验方法
	冬严寒区	冬寒区	冬冷区及冬温区	
普通沥青混合料	2 600	2 600	2 300	T 0715
改性沥青混合料	3 200	3 000	2 800	

4 不符合要求的玄武岩纤维沥青混合料应更换材料或者重新进行配合比设计。

条文说明：基于大量的室内试验研究以及江苏、浙江、吉林、河南、湖南等省份玄武岩纤维沥青路面应用情况的调研结果，玄武岩纤维沥青混合料的路用性能均超过现行《公路沥青路面施工技术规范》(JTG F40)中的技术要求。

在车辙试验方面，沥青结合料采用道路石油沥青，玄武岩纤维 AC 沥青混合料动稳定度均超过 1 150 次/mm；沥青结合料采用改性沥青，玄武岩纤维 AC 沥青混合料动稳定度均超过 4 300 次/mm，玄武岩纤维 SMA 沥青混合料的动稳定度均超过 5 700 次/mm，玄武岩纤维 PA 沥青混合料的动稳定度均超过 7 200 次/mm。本指南按现行《公路沥青路面施工技术规范》(JTG F40)的气候分区，提出了表 4.2.4-1 的技术要求。

在水稳定性试验方面，沥青结合料采用道路石油沥青，玄武岩纤维 AC 沥青混合料残留稳定度均超过 83%、冻融劈裂强度比均超过 81%；沥青结合料采用改性沥青，玄武岩纤维 AC 沥青混合料残留稳定度均超过 85%、冻融劈裂强度比均超过 83%，玄武岩纤维 SMA 沥青混合料残留稳定度均超过 86%、冻融劈裂强度比均超过 86%；玄武岩纤维 PA 沥青混合料残留稳定度均超过 88%、冻融劈裂试验冻融劈裂强度比均超过 82%。本指南按现行《公路沥青路面施工技术规范》(JTG F40)规定，提出表 4.2.4-2 和表 4.2.4-3 的技术要求。

在低温弯曲试验方面，沥青结合料采用道路石油沥青，玄武岩纤维 AC 沥青混合料破坏应变均超过 2 700 $\mu\varepsilon$；沥青结合料采用改性沥青，玄武岩纤维 AC 沥青混合料破坏应变均超过 3 300 $\mu\varepsilon$，玄武岩纤维 SMA 沥青混合料破坏应变均超过 3 400 $\mu\varepsilon$，玄武岩纤维 PA 沥青混合料破坏应变均超过 3 200 $\mu\varepsilon$。本指南按现行《公路沥青路面施工技术规范》(JTG F40)的气候分区，提出了表 4.2.4-4 的技术要求。

4.3 配合比设计

4.3.1 配合比设计按马歇尔、旋转压实等设计方法，确定满足各项技术指标要求的矿料级配和最佳沥青用量。

4.3.2 玄武岩纤维沥青混合料的配合比设计应包括目标配合比设计、生产配合比设计和生产配合比验证三个阶段。

4.3.3 玄武岩纤维沥青混合料试件应按照现行《公路工程沥青与沥青混合料试验规程》(JTG E20)的要求制作。其拌和要求应调整为：

1 将玄武岩纤维与集料干拌 60s～90s。

2 加入沥青拌和 90s。

3 加入矿粉拌和 90s。

4.3.4 目标配合比设计应按以下步骤进行：

1 采用工程实际使用的材料，优选矿料级配、纤维掺量，通过试验确定最佳沥青用量。

2 按最佳沥青用量检验沥青混合料高温稳定性、水稳定性及低温抗裂性等路用性能，确定目标配合比。

4.3.5 生产配合比设计应按以下步骤进行：

1 按目标配合比确定拌和设备各冷料仓的供料比例等。

2 取样测试各热料仓的材料级配，确定各热料仓的配合比。

3 按目标配合比设计的最佳沥青用量 OAC、OAC±0.3% 共 3 个沥青用量进行马歇尔试验，确定生产配合比的最佳沥青用量。

4 生产配合比最佳沥青用量与目标配合比最佳沥青用量的差值不宜超过±0.2%。

4.3.6 生产配合比验证应按以下步骤进行：

1 按生产配合比试拌、铺筑试验段。

2 取样进行马歇尔试验和抽提试验。

3 钻取芯样测定空隙率。

4 进行车辙试验和水稳定性检验。

5 确定生产用配合比。

5 施工

5.1 一般规定

5.1.1 进场材料应符合本指南技术要求,并提供质量检测报告。

5.1.2 进场玄武岩纤维应采取防晒、防水、防潮、防污染措施,避免与其他易腐蚀的化学品混放。

5.1.3 加强施工质量控制,对各施工环节的各项质量指标进行检测。

5.1.4 当气温低于10℃时,不应进行玄武岩纤维沥青路面施工。

5.2 铺筑试验段

5.2.1 施工前应铺筑试验路段,其位置宜选在主线直线段,铺筑长度宜为100m～200m,并编制施工方案。

5.2.2 通过试拌、试铺确定以下施工工艺及相关参数:

    1 各种施工机械的类型、数量及组合方式。

    2 拌和时间、拌和温度、进料顺序、偏差控制、纤维掺加方式等。

    3 摊铺及压实工艺、松铺系数、渗水系数等。

5.2.3 试验段铺筑后应提交试验报告,明确试验结论。

5.3 施工准备

5.3.1 沥青、集料等材料在进场时应按照现行《公路沥青路面施工技术规范》(JTG F40)的规定进行检测。玄武岩纤维进场时应按表5.3.1的规定检测,对断裂强度等力学指标应由使用方委托专业机构进行检测,并符合本指南表3.1.3的规定。

表 5.3.1 玄武岩纤维质量检测项目

序号	检查项目		单位	技术要求	检测方法
1	颜色	—	—	金褐色或深褐色	目测
2	长度合格率	不小于	%	90	JT/T 776.1
3	直径合格率	不小于	%	90	GB/T 7690.5
4	含水率	不大于	%	0.2	JT/T 776.1
5	吸油率	不小于	%	50	JT/T 776.1
6	(Fe_2O_3+FeO)含量	不小于	%	8.0	GB/T 1549
7	酸度系数	不小于	—	5.0	GB/T 1549

5.3.2 施工前应对沥青拌和设备、纤维投料机、摊铺机、压路机等各种施工机械和设备进行调试,对机械设备的配套情况、技术性能、传感器计量精度等进行检查、标定。

5.3.3 铺筑玄武岩纤维沥青路面前,应对基层或下卧沥青层的质量进行检查,不符合要求的不得铺筑。当旧沥青路面或下卧层已被污染时，必须清洗或经铣刨处理后方可铺筑。

5.3.4 黏层油的规格和质量、品种和用量、喷洒和质量控制应符合现行《公路沥青路面施工技术规范》(JTG F40)的规定。

5.3.5 玄武岩纤维沥青混合料施工温度应根据沥青种类、气候条件、铺装厚度，参照现行《公路沥青路面施工技术规范》(JTG F40)的规定确定。对于玄武岩纤维普通沥青混合料，施工温度可在现行规定的基础上提高5℃～10℃。

5.4 混合料拌制

5.4.1 玄武岩纤维沥青混合料拌和过程中应对沥青、纤维及各种矿料的用量、拌和温度进行逐盘采集，并对拌和设备的计量和测温进行校核。

5.4.2 玄武岩纤维应采用自动投料机与热集料同时投放。

5.4.3 玄武岩纤维改性沥青混合料的拌和时间宜延长5s～10s。拌和后混合料应均匀一致，无花白料。

5.4.4 玄武岩纤维沥青混合料出厂时应逐车称重、测温，签发运料单。

5.5 混合料运输、摊铺、压实及成型、接缝处理、开放交通

5.5.1 玄武岩纤维沥青混合料的运输、摊铺、压实及成型、接缝处理、开放交通应按照现行《公路沥青路面施工技术规范》(JTG F40)的规定执行。

6 质量控制

6.1 一般规定

6.1.1 玄武岩纤维沥青路面工程的施工质量管理与检查验收应符合本指南和现行《公路沥青路面施工技术规范》(JTG F40)的规定。

6.1.2 玄武岩纤维沥青路面施工应根据全面质量管理的要求，建立健全有效的质量保证体系，对施工各工序的质量进行检查评定。

6.1.3 玄武岩纤维沥青路面施工的原始记录、试验检测及计算数据、汇总表格，应如实记录和保存。对已经采取措施进行返工和补救的项目，可在原记录和数据上注明，但不得销毁。

6.2 质量检查

6.2.1 玄武岩纤维沥青混合料生产过程中，玄武岩纤维的检查项目与频度应符合表6.2.1的规定，其技术要求应符合本指南的规定。沥青、集料、矿粉等其他原材料的检查项目与频度应符合现行《公路沥青路面施工技术规范》(JTG F40)的要求。

表6.2.1 玄武岩纤维质量检查的项目与频度

序号	检查项目	检查频度	平行试验次数或一次试验的频数
1	外观	随时	3
2	长度	每批1次[1]	2
3	直径	每批1次	2
4	含水率	必要时[2]	2
5	吸油率	必要时	2
6	(Fe_2O_3＋FeO)含量	必要时	2
7	酸度系数	必要时	2

注：1. 一批是指以同一料源、同一次购入并运至生产现场的相同规格材料。
　　2. 必要时是指施工各方任何一个部门对其质量发生怀疑，提出需要检查时，或是根据需要商定的检查频度。

6.2.2 玄武岩纤维沥青混合料生产过程质量检查应符合表6.2.2规定。

表6.2.2 玄武岩纤维沥青混合料检查项目和频度

序号	项目		检查频度及单点检验评价方法	质量要求或允许偏差	试验方法
1	混合料外观		随时	均匀，无花白料及结团现象	目测
2	拌和温度	沥青、集料加热温度	逐盘检测评定	符合本指南规定	传感器自动检测、显示并打印
		混合料出厂温度	逐车检测评定	符合本指南规定	传感器自动检测、显示并打印，出厂时逐车按T 0981进行人工检测

表 6.2.2（续）

序号	项目		检查频度及单点检验评价方法	质量要求或允许偏差	试验方法
2	拌和温度	混合料出厂温度	逐盘测量记录，每天取平均值评定	符合本指南规定	传感器自动检测、显示并打印
3	矿料级配*（筛孔）	0.075mm	逐盘在线检测	±2%(2%)	计算机采集数据计算
		≤2.36mm		±5%(4%)	
		≥4.75mm		±6%(5%)	
		0.075mm	每天汇总1次取平均值评定	±1%	总量检验
		≤2.36mm		±2%	
		≥4.75mm		±2%	
		0.075mm	每台拌和机每天1次~2次，以2个试样的平均值评定	±2%(2%)	T 0725抽提筛分与标准级配比较的差
		≤2.36mm		±5%(3%)	
		≥4.75mm		±6%(4%)	
4	玄武岩纤维含量		逐盘在线检测	±10.0%	计算机采集数据计算
			每天汇总1次取平均值评定	±5.0%	总量检验
5	沥青用量（油石比）		逐盘在线检测	±0.3%	计算机采集数据计算
			每天汇总1次取平均值评定	±0.1%	总量检验
			每台拌和机每天1次~2次，以2个试样的平均值评定	±0.3%	抽提 T 0722、T 0721
6	马歇尔试验：空隙率、稳定度、流值		每台拌和机每天1次~2次，以4个~6个试件的平均值评定	符合设计要求	T 0702、T 0709
7	浸水马歇尔试验		必要时（试件数同马歇尔试验）	符合本指南规定	T 0702、T 0709
8	车辙试验		必要时（以3个试件的平均值评定）	符合本指南规定	T 0719

注：* 括号内的数字是对玄武岩纤维SMA沥青混合料的要求。

6.2.3 玄武岩纤维沥青路面施工过程检查项目和频度应符合表6.2.3的规定。

表6.2.3 玄武岩纤维沥青路面施工过程检查项目和频度

序号	项目	检查频度	质量要求或允许偏差	试验方法
1	摊铺外观	随时	密实平整，无油斑、离析、轮迹	目测
2	接缝	随时	紧密平整、顺直、无跳车	目测
		逐条缝检测评定	3mm	T 0931

表 6.2.3（续）

序号	项目		检查频度	质量要求或允许偏差	试验方法
3	施工温度	混合料摊铺温度	逐车检测	符合本指南规定	T 0981 人工检测
		混合料碾压温度	随时	符合本指南规定	插入式温度计实测
4	压实度[1]		每 2 000m² 检查 1 组逐个试件评定并计算平均值	不小于实验室标准密度之 97%（98%）	T 0924、T 0922
5	每层厚度	每一层次	随时，厚度 50mm 以下 厚度 50mm 以上	设计值的 5% 设计值的 8%	施工时插入法量测松铺厚度及压实厚度
		每一层次	1 个台班区段的平均值 厚度 50mm 以下 厚度 50mm 以上	—3mm —5mm	《公路沥青路面施工技术规范》(JTG F40)附录 G 总量检验
6	总厚度		每 2 000m² 一点单点评定	—（设计值×5%）	T 0912
7	平整度（标准差）(mm) 不大于		每车道连续检测	下面层为 1.8，中面层为 1.5，上面层为 1.2	T 0932
8	渗水系数[2]（mL/min）不大于		每 1km 不少于 5 点，每点 3 处取平均值评定	200	T 0971
9	渗水系数[3]（mL/min）不小于		每 1km 不少于 5 点，每点 3 处取平均值评定	5 000mL/min，合格率不小于 90%	T 0730

注：1. 括号中的数值是对玄武岩纤维 SMA 和 PA 沥青路面的要求。实验室标准密度是指采用与配合比设计相同方法成型的试件密度。
2. 适用于公称最大粒径不大于 19mm 的玄武岩纤维 AC 和 SMA 沥青混合料。
3. 适用于玄武岩纤维 PA 沥青混合料。

用 词 说 明

1 本指南执行严格程度的用词,采用下列写法:
1) 表示严格,在正常情况下均应这样做的用词,正面词采用"应",反面词采用"不应"或"不得"。
2) 表示允许稍有选择,在条件许可时首先应这样做的用词,正面词采用"宜",反面词采用"不宜"。
3) 表示有选择,在一定条件下可以这样做的用词,采用"可"。
2 引用标准的用语采用下列写法:
1) 在标准条文及其他规定中,当引用的标准为国家标准或行业标准时,应表述为"应符合《××××××》(××××)的有关规定"。
2) 当引用标准中的其他规定时,应表述为"应符合本指南第×章的有关规定""应符合本指南第×.×节的有关规定""应按本指南第×.×.×条的有关规定执行"。